AGRIGENTE

ET

GIRGENTI

OU

LA SICILE ANCIENNE ET MODERNE

SOUVENIRS ET IMPRESSIONS D'UN VOYAGE FAIT EN JUIN 1857

PAR

EMILE MARVEJOULS

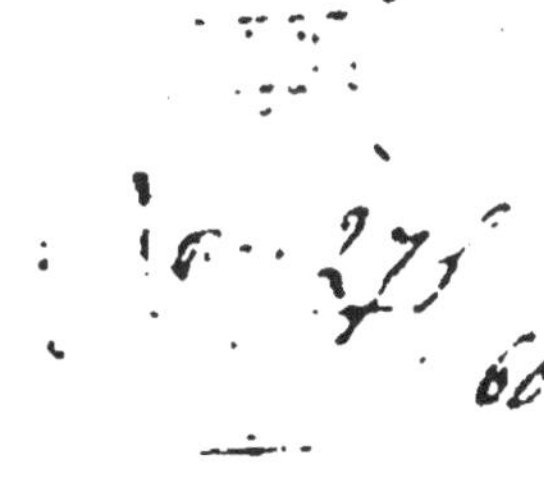

PARIS
POULET-MALASSIS ET DE BROISE
LIBRAIRES-ÉDITEURS
9, rue des Beaux-Arts.

1860

AGRIGENTE

ET

GIRGENTI

Alençon — Poulet-Malassis et De Broise

AGRIGENTE

ET

GIRGENTI

OU

LA SICILE ANCIENNE ET MODERNE

SOUVENIRS ET IMPRESSIONS D'UN VOYAGE FAIT EN JUIN 1857

PAR

EMILE MARVEJOULS

PARIS

POULET-MALASSIS ET DE BROISE

LIBRAIRES-ÉDITEURS

9, rue des Beaux-Arts

1860

QUELQUES MOTS DE PRÉFACE

—

Peut-être n'eussé-je jamais songé à publier ces notes, dont la sincérité fait tout le charme, et ces croquis, dont la fidélité fait tout le mérite. Mais il est des impressions et des souvenirs dont la confidence est indiscrète la veille, et dont le lendemain le secret serait égoïste. Il n'est si humble écrivain à qui il n'arrive parfois de rencontrer, en creusant, même dans un but purement spéculatif, le filon de l'utilité générale. Les événements dont la Sicile est le théâtre ont attiré et fixé sur cette île l'attention de l'Europe. Le moindre récit des touristes est un régal de journaliste et une bonne fortune de diplomate.

Or, les voyageurs qui vont en Sicile sont rares. C'est là, en effet, une excursion qui n'est pas commode et qui peut être dangereuse. Dans ce pays sans routes, sans auberges, et où le bandit s'est fait gendarme, un voyage offre toutes les chances d'une campagne et tout l'attrait d'une aventure. Aussi quelques Anglais marchands de vin, quelques officiers de marine en permission de terre, et quelques touristes qui ont audacieusement jeté le Guide *aux orties, composent-ils tout le public de ce spectacle où jamais les ressources du confort ne favorisent les merveilles du pittoresque.*

Pour moi, ce défaut devenait une qualité, et cet inconvénient un charme de plus. Aussi n'ai-je gardé rancune à personne en Sicile, pas même aux hôteliers; et je suis prêt à dire le plus grand bien de son hospitalité dont aucun cicerone ne m'a fait les honneurs. Je suis allé en Sicile mû par toutes sortes de curiosités et de sympathies qui n'ont rien de commun avec les préoccupations du bien-être. J'y suis allé pour m'y expliquer d'avance des événements que je pressentais. Dès les premiers jours, j'ai respiré sous ce ciel orageux ce goût de l'indépendance qui est la passion de tout vrai Sicilien. Ces gorges arides, ces cimes volcaniques, ces plaines où bout le soufre, m'ont révélé, par cette intime analogie qui existe entre la terre et l'homme, le cadre et le tableau, les besoins et les instincts de tout un peuple. J'ai prévu la lutte prochaine des hommes dans un pays où la nature entière semble tressaillir sans cesse d'un mystérieux frémissement. Si des problèmes du sol on passe aux mystères de race, si l'on se souvient que le Sicilien a dans ses veines comme une sorte de bouillant alliage des sangs les plus purs et les plus énergiques, on comprendra qu'il porte à la fois en lui la fierté du Grec, le courage du Français et la fataliste indolence de l'Arabe; on comprendra le singulier et irrésistible attrait de ce pays et de ce peuple, de ce pays qui a été grand, de ce peuple qui a été libre, et qui vient de s'en souvenir tout d'un coup.

Pour moi, spectateur passif, mais non insensible, des ruines de la Sicile, ami désintéressé de ses habitants, je me condamne volontiers, en parlant d'elle, à cette impartialité avec laquelle j'ai essayé de la voir. Mais si je m'interdis de mêler à un grand débat une voix inopportune, je ne crois pas avoir violé, en laissant voir parfois mes sympathies, la neutralité nécessaire de l'historien. Il est impossible de ne pas aimer la Sicile, et plus impossible encore de ne pas dire qu'on l'aime quand on l'a vue. Elle attire et attache trop puissamment le cœur par ce je ne sais quoi qui donnera toujours des défenseurs aux déchéances vivaces et aux infortunes militantes, et qui fera toujours un sentiment invincible de cet amour où se confondent, pour certains hommes ou pour certains pays, l'admiration et la pitié.

10 juillet 1860.

EMILE MARVEJOULS.

AGRIGENTE

ET

GIRGENTI

AGRIGENTE

ET

GIRGENTI

—

I

Vers le milieu de la côte qui monte de *Porto di Girgenti* à *Girgenti*, se trouve une fontaine où s'arrêtent, pour se désaltérer, les caravanes d'ânes et de mulets qui portent à la mer le soufre qu'on extrait des mines de *Comitini*, d'*Aragona* et de *Recalmuto*. Comme nous en approchions, nous fîmes la rencontre d'une jeune fille qui venait d'y puiser de l'eau, qu'elle emportait dans un vase d'argile à deux anses. Grande, brune, avec un profil de camée et un corps tout plein de beautés antiques, les deux bras arrondis pour tenir l'amphore sur sa tête, elle remontait la côte rapide : vous eussiez dit, à la voir ainsi, une de ces figures élégantes, gracieuses et pourtant sévères, ébauchées d'un trait léger sur les vases grecs ; vous l'eussiez prise volontiers pour une canéphore de la procession des Panathénées, un de ces corps de marbre, élancés et fiers, que la draperie dessinait en les voilant.

Plus que partout ailleurs, plus que dans l'Asie même, les Grecs ont laissé en Sicile des traces profondes de leur passage. Je ne parle pas seulement des temples de Ségeste ou d'Agrigente, des métopes précieux qui alternaient les triglyphes aux frontons de Sélinonte, des médailles où des artistes inconnus ont gravé dans l'or, l'argent ou le bronze, des têtes resplendissant d'un sentiment si harmonieux de la beauté, de la Vénus de Syracuse, plus belle, toute mutilée qu'elle est, que sa sœur du Capitole. Mais qui n'a rencontré, au fond de quelque misérable village, à *Bucchéri*, à *Montallegro* ou à *Palma*, des femmes élancées et souples, se drapant dans des guenilles, comme les déesses dans leurs draperies de marbre, sales, en haillons, misérables d'aspect, mais fières d'allure, cambrées sur les hanches, vous regardant fixement avec des yeux noirs superbes? Qui n'a reconnu ce front droit, encadré dans des cheveux noués au-dessus d'une nuque d'un galbe parfait? Bien souvent, en les voyant courbées pour laver leur linge, et en suivant, sous leurs bras penchés, la pure courbe de leur gorge, j'ai pensé aux compagnes de la fille d'Alcinoüs, la poétique Nausicaa.

La jeune Sicilienne marcha quelque temps devant nous, et nous admirions l'harmonie et le rhythme de sa démarche. Parfois elle s'arrêtait pour reprendre haleine, et trouvait alors, sans s'en douter, des attitudes qu'un sculpteur eût longtemps cherchées. Après avoir parcouru ainsi la longueur d'un demi-mille, elle entra dans une masure qui est au bord du chemin. Sur le seuil était assise une vieille femme hâve, fiévreuse, épuisée par la misère. Du plus loin qu'elle nous vit, elle se traîna vers nous en poussant des cris lamentables, avec le refrain lugubre des mendiants siciliens : *Tengo la fame, Eccelenza.... la fame!... la fame!* et cela avec mille gestes désespérés. Cette masure en ruine, cette vieille mourant de faim et cette jeune fille conservant, au milieu de la misère, le type de la beauté suprême, voilà toute la Sicile. Pauvre terre, elle a payé plus cher qu'aucune autre ce don de la beauté, si fatal aux nations. Le fertile royaume de Cérès est aujourd'hui un désert abandonné aux chardons, aux acanthes et aux palmiers nains. La servitude, l'ignorance, la fièvre et la faim épuisent les corps et les âmes. Est-ce donc pour un destin semblable que la nature forma ce radieux pays qu'enveloppe une atmosphère si transparente, qu'enrichit une végétation si puissante et que protége un ciel si doux? Mais sa douleur, comme celle du Laocoon et de la Niobé antiques, est calme et sereine. La Sicile reste rayonnante sous les opprobres et les affronts.

II

Pour éviter ces chenils que les Siciliens n'hésitent pas à honorer du titre d'auberge, nous avions acheté d'un Maltais qui revenait avec une cargaison de dattes du fond de la régence de Tripoli, une énorme tente sous laquelle nous dormions, enveloppés dans ces belles peaux des moutons indigènes. Au début du voyage, tout avait été pour le mieux. Un bois d'oliviers, une grève de sable fin comme de la poudre d'or, quelque lit de torrent desséché, ombragé de lauriers roses, venaient-ils à nous plaire? nous arrêtions nos mulets, nous faisions notre campement et nous nous endormions bercés par le bruit du vent dans les feuilles, ou de la mer expirant doucement sur la grève. On éprouve un charme étrange à se réveiller au milieu de ces cloisons mouvantes, que pénètrent la lune et les clartés de la campagne. Une nuit, il m'en souvient comme d'hier, un sentiment assez vif de fraîcheur me tenait dans cet état de torpeur somnolente qui tient le milieu entre le sommeil et la veille, entre le rêve et la vie. *Cette obscure clarté qui tombe des étoiles* me laissait apercevoir, en dehors de la tente, une façon de balancier qui semblait, par un mouvement régulier, battre la mesure de la chanson de la mer; le vent lui-même semblait s'être plié à la mesure de ce métronome nocturne; une grenouille voisine laissait tomber sa note sonore à chaque oscillation du fantastique pendule. Trois étoiles plus brillantes que les autres perçaient le plafond d'azur et y dessinaient un triangle étincelant. Mon cœur se serra, et, retenant le souffle, je prêtai longtemps l'oreille à cette symphonie de la nuit, qu'alternaient seulement les ronflements des muletiers endormis à deux pas de nous. Le terrible balancier oscillait toujours. Enfin, poussé par une curiosité invincible, je me glissai hors de ma peau de mouton et rampai sur mes mains hors de la tente. J'étais très-ému. Mais à cette émotion succéda bientôt un immense éclat de rire qui réveilla en sursaut toute la smala. Ce personnage fantastique, ce chef d'orchestre des nuits d'été n'était autre que mon mulet, mon pauvre *Pichirillo,* qui, probablement surpris, lui aussi, par la fraîcheur de la nuit, s'occupait philosophiquement à compter avec sa queue le nombre de minutes qui s'écouleraient jusqu'au jour.

Pendant les premiers jours, tout avait été charmant dans cette vie nomade. La chaleur était-elle accablante? nous descendions de nos mulets et nous nous jetions à la mer comme des tritons, puis, pour nous sécher, nous nous mettions à courir sur le sable fin et doré de la grève; rencontrions-nous une fontaine ombragée d'un palmier ou quelque petit bois de citronniers en fleur? le guide tendait une natte sur la terre et nous procédions, au milieu des acanthes, des asphodèles et des cyclamens, à un repas dont l'appétit nous empêchait d'apercevoir la monotonie et la médiocrité. Même les accidents contrariants, comme une invasion de puces, un mulet se couchant dans l'eau sans respect pour son cavalier (ce qui m'arriva au passage du *Belice*), un orage imprévu venant laver nos aquarelles plus que nous ne l'aurions voulu, tournaient au profit de notre gaîté; tout se terminait en chansons, dans notre caravane, dont le patriarche n'avait pas vingt-cinq ans. Nous étions beaux à voir sur nos douze mulets, en vrai costume de moissonneurs, marchant à la file, sous nos grands parapluies de paysagistes (vous eussiez dit de loin une procession de champignons géants), les yeux cachés derrière de vastes lunettes bleues à quatre verres, grattant de la pointe de nos *puntarelli* l'épaule de nos montures paresseuses. Les astres étaient cléments et les augures favorables, et le chœur joyeux des belles heures dont parle Pindare s'écoulait pour nous en pleine jeunesse, en pleine espérance, en pleine liberté. Et puis tout est pittoresque sur cette terre aimée du soleil, tout est plein d'intérêt et de charme pour qui sait voir : un palmier profilant son ombre svelte contre un mur blanc; un *speronare* échoué sur la grève, qui repousse, en balançant son mât penché, les agaceries de la vague; une chèvre blanche aux jambes fines, au museau rose, accrochée à quelque grand rocher éclatant de mille tons au milieu des cytises; un *compagnon d'armes* (1) à la mine farouche, traversant

(1) Le *compagnon d'armes* est le gendarme bandit dont nous avons parlé dans notre préface.

la solitude au galop de sa rosse, noire comme le coursier du *Giaour;* un troupeau de juments à demi sauvages se poursuivant hennissantes et échevelées, ou bien quelque pâtre en manteau brun couché au pied d'un fût de colonne brisée, ou quelques belles filles sautant une tarentelle à deux pas d'une ruine, et dont les ombres dansantes vous poursuivent tout le jour; charmants tableaux de genre, que le voyageur véritable rencontre à chaque pas sur sa route, et qu'il retrouve, en remontant le fleuve de ses souvenirs, dans ce coin du cœur qu'habitent les douces émotions.

Et pourtant tout ce pays est d'une tristesse navrante. La terre, cette même terre qui remplissait les greniers de Rome, est laissée sans culture; quand on approche d'un village, les mendiants en sortent par nuées comme les abeilles d'une ruche. Et quels mendiants, mon Dieu! des créatures qui n'ont d'humain que la voix pour se plaindre et la main pour la tendre; la plupart du temps, de pauvres petits enfants tout nus, oui tout nus, et tout verdis et gonflés par la fièvre, comme les noyés de la Morgue. Le *gouvernement* et les gens qui donnent l'éducation font tout contre le bien-être physique et moral de ce peuple. Le *gouvernement* n'hésite pas à enrégimenter les voleurs et à solder les assassins. En 1848, le *représentant du roi* en Sicile, le général de Sauget (un nom à flétrir), chassé de Palerme par la révolution, signala son départ par un raffinement de perfidie épouvantable. Il fit ouvrir les bagnes et les prisons, et déchaîna ainsi sur l'île quatorze ou quinze mille scélérats. Quand ce que le général Sébastiani appelait *l'ordre* fut rétabli, le roi de Naples, fort embarrassé de ses amis émancipés qui étaient devenus pour l'île un véritable fléau, prit le parti d'en faire des compagnons d'armes, autrement dit des gendarmes. Je m'abstiens de conclure.

Le moine est le mendiant enrégimenté, comme le gendarme est le brigand enrôlé. Pourtant soyons justes et avouons qu'en Sicile le clergé régulier et séculier est très-national, et que la question sicilienne prime de beaucoup pour lui toutes les autres questions. Il se fait pardonner ainsi la part de responsabilité qui pourrait lui incomber dans toutes ces misères.

Pour le bien-être physique, n'en parlons pas. Les impôts payés au roi de Naples sont bien payés, et une fois hors du pays, ils n'y rentrent sous aucune forme.

Le système de viabilité se compose de quelques tronçons à demi-ruinés de routes, qui ne servent à rien, parce qu'ils n'aboutissent nulle part. L'immense quantité de soufre, exploitée dans les provinces du sud, est portée à dos de mulets ou d'ânes aux ports de *Girgenti* et de *Terra-Nuova;* encore ces ports sont-ils très-mauvais et à moitié comblés. Il n'y a rien de plus élémentaire que cette manière de transporter le soufre, si ce n'est la façon dont on le traite. On fait brûler le minerai comme en France on fait brûler les pierres calcaires pour avoir la chaux. S'il n'y a pas de routes, en revanche l'île est sillonnée de torrents qui interrompent complétement toutes les communications pendant la saison des pluies. En été, on les passe à gué; en hiver, on ne les passe qu'en courant le risque de se noyer. Dans les passages les plus fréquentés, on a dû aposter des *bordonari*, espèce de cantonniers qui dirigent dans la traversée du torrent, comme certains pilotes spéciaux dirigent les navires dans les détroits dangereux où la science du pilote ordinaire ne serait pas suffisante. Les torrents grossis par les pluies se répandent dans les plaines où ils entretiennent l'*aria cattiva,* le mauvais air, et la crainte de la fièvre est une des raisons qui empêchent les indigènes de cultiver la terre; l'autre raison, c'est que le pays appartient presque en entier à l'Etat, aux couvents ou à des seigneurs qui souvent n'ont même pas vu les fiefs d'où ils prennent leur nom. Tout s'enchaîne dans les mauvais gouvernements, et le mal naît du mal comme les branches du tronc. On ne cultive point par peur de la fièvre, et le mauvais air s'accroît du manque de culture et du débordement des torrents; les torrents ne sont dangereux que parce qu'ils descendent de sommets déboisés, et que personne ne s'occupe à les endiguer, à régulariser et à utiliser leur cours. La conséquence naturelle de tout ceci, c'est qu'il n'y a pas dans le pays un homme intelligent qui n'appelle la révolution de tous ses vœux, et qu'il n'y a pas une secousse en Europe dont le contre-coup ne s'y fasse aussitôt ressentir. La révolution de 48, la prise d'armes de *Céfalù* en 56, les derniers troubles de Palerme et de Messine sont un indice bien clair de l'état des esprits. Les Anglais, qui ont un pied dans l'île par leur commerce, le savent bien, et ils exploitent ces dispositions. Ils sont propriétaires de la plus grande partie des vignes de *Marsala*, et leur protectorat serait du goût de bien des gens, mais surtout du leur.

Après ce coup d'œil jeté sur la situation morale et physique du pays, on comprendra pourquoi nous voyagions en caravane, et qu'il eût été difficile de traverser les torrents et les campagnes sans routes autrement qu'à dos de mulet ou d'âne. Il restait bien encore la ressource de la litière, moyen de locomotion fort en usage dans le pays, mais il n'est abordable qu'aux gens qui n'ont point le mal de mer et dont les os ne sont pas trop fragiles.

Ainsi, pendant un mois, nous campâmes au gré de notre fantaisie : un jour sous les murs crénelés d'*Alcamo* la Sarrazine; aujourd'hui dans le temple inachevé de *Ségeste*, qui dresse silencieux et solitaire son portique vide au milieu d'un désert; demain au milieu des débris épars de *Sélinonte*. Cependant, nous commencions à trouver insipides le vin de Marsala, les œufs durs et le jambon qui faisaient la base de notre nourriture; nous savions par cœur les complaintes de nos muletiers, et souvent nous avions interrompu notre guide au plus pathétique endroit de ses récits; enfin, nous soupirions après un lit propre et du linge frais. A chaque récrimination, notre guide répétait : Girgenti! aussi Girgenti était-elle devenue la terre de promission, le paradis ardemment attendu.

Girgenti est une ville de 25,000 âmes, siége d'un tribunal, d'un évêché, et capitale d'une province que ses richesses minérales font la plus heureuse contrée de la Sicile. La ville moderne est bâtie sur l'emplacement de l'Acropole d'Agrigente. Tous les conquérants de la Sicile, depuis les Romains jusqu'aux Espagnols, fortifièrent successivement ce point élevé qui domine la mer et une grande étendue de terre ; les habitants des campagnes vinrent placer leurs maisons sous la protection du fort ; de là la ville moderne. Et tel est l'aspect caractéristique de toutes les villes et de tous les villages siciliens. On ne voit pas une seule *fabrique* isolée dans la campagne, pas une chaumière, pas une ferme, pas un château. Seulement, toutes les quatre ou cinq lieues on rencontre sur une élévation un vieux manoir ruiné autour duquel se pressent les maisons d'une petite ville, comme on voit les moutons se serrer les uns contre les autres à l'approche d'un danger. A un mille environ de circonférence autour du village, quelques essais de culture et quelques arbres ; au delà le désert, que parcourent des troupeaux demi-sauvages, conduits par des hommes demi-nus.

Le jour commençait à tomber quand nous fîmes notre entrée solennelle à Girgenti ; les cloches de plus de cent églises ou couvents

Aux derniers bruits du jour mêlaient leurs saints concerts.

Nous nous engageâmes dans une rue fort raide, large, mais mal pavée et mal bâtie, qui parcourt sinueusement la ville dans toute sa longueur. Les habitants étaient tous sur le pas de leur porte pour jouir de la fraîcheur du soir; les femmes se peignaient entre elles et interrompaient, pour nous regarder passer, la chasse qu'elles font avec une réciprocité touchante aux insectes qui ont fondé sur leurs têtes d'indestructibles colonies; des moines dignes du crayon de Goya, repoussants de saleté, exhalant à quatre pas une odeur fétide, une odeur qui a une vague analogie avec celle de ces soi-disant pastilles du sérail que l'on vend sur le boulevard, allaient quêter de porte en porte et répondaient fort gaillardement aux familiarités de ces dames; quelques dandys montés sur des ânes couverts de housses et de pompons, essayaient de faire caracoler leurs humbles montures.

Au bout de dix minutes, nos mulets nous déposaient à la porte du *Fondaco del Sole*, si pompeusement célébré par le *Guide*. Après une pénible ascension par un escalier obscur et sordide, nous arrivâmes au deuxième étage de la maison, le seul qui fût occupé par l'*albergatore;* ce personnage nous introduisit aussitôt dans son plus bel appartement : c'était une grande chambre blanchie à la chaux; autour des murs cinq lits, au milieu une table, et puis plus rien. Les lits se composaient de deux planches longues posées sur quatre pieds en fer, d'un matelas, d'un drap et d'un coussin. Les murs portaient l'empreinte de toutes sortes de souillures; aux fenêtres, la place des vitres était tenue par des feuilles huilées du *Journal de Naples*. Nous étions stupéfaits, car nous étions dans la plus belle chambre de l'*Hôtel du Soleil,* le plus bel hôtel de Girgenti, capitale de province, ville de 25,000 âmes, siége, etc..., etc..., etc... (Consulter un dictionnaire de géographie).

Par un mouvement unanime et instantané nous nous affaissâmes tous les cinq sur nos cinq lits, silencieux, la tête basse, les bras pendants; mais au bout de quelques minutes, par un mouvement tout aussi unanime et comme poussés par un même ressort, nous bondissions effarés au milieu de la chambre, aussi mouchetés d'odieux insectes que si on nous eût aspergés des pieds à la tête avec un pinceau trempé dans de l'encre. — O confortable rêvé, ô fraiche oasis ardemment attendue! A peine si nous pûmes obtenir de l'eau, lorsque les puces s'insinuant sous nos vêtements se mirent à explorer avec vigueur la proie toute fraiche que nous leur avions imprudemment livrée, car l'eau est rare à Girgenti et l'on ne s'en sert exactement que pour boire.

Cependant par la fenêtre ouverte nous apercevions, à la clarté vaporeuse de la lune, une plaine ombreuse et fertile, qui s'étend depuis le pied de la montagne où est bâtie Girgenti jusqu'au fond de l'horizon; loin, bien loin, entre la terre et le ciel, on devinait la mer à une grande ligne d'argent qui paraissait onduler, et à moitié pays, entre la mer et nous, nous reconnûmes sur une élévation que nous jugeâmes être les anciens remparts de la ville, la forme vague et tremblante des temples, qui nous apparaissait comme une ébauche à demi effacée. — Le cœur nous battit. — Après tout nous étions à Agrigente!

Une heure après nous prenions, assis sur nos mulets, la route qui conduit vers les temples; nous installâmes notre campement dans un bosquet d'amandiers qui avoisine le temple des Géants, et nous ne remontâmes plus à Girgenti qu'en curieux. — C'est sous ces amandiers en fleurs que j'ai passé les plus belles heures de ma jeunesse.

♆

III

LA nature a repris tous ses droits dans les champs où fut Agrigente. Une végétation bizarre mais puissante recouvre l'œuvre anéantie de l'homme ; des figuiers d'Inde dont les disques brillent au soleil comme de petits miroirs d'acier poli, des aloës qui font des pousses roses pareilles à d'immenses cierges, des oliviers grisâtres, des caroubiers au feuillage métallique étendent leurs ombres sur les lieux qu'occupa la ville glorieuse qui, au temps de sa splendeur, comptait plus d'un million d'habitants. On parcourt la longueur de deux milles en descendant de l'Acropole, c'est-à-dire de Girgenti, vers la mer, sans rencontrer d'autres vestiges que quelques fragments informes, engagés dans les murs de clôture. Le sol inégal et tourmenté indique seul le passage de l'homme. — Après une demi-heure de marche dans la solitude et le silence, on est obligé de s'arrêter sur une plate-forme qui a un peu plus de trois kilomètres de largeur de l'est à l'ouest ; le précipice est sous vos pieds ; vous êtes sur les remparts qui bornaient Agrigente du côté du sud. Devant vous est une grande plaine qui va se terminer dans la mer. Sur ces gigantesques murailles d'où se sont détachés d'énormes blocs qui ont roulé au milieu des champs de blé, immenses épaves d'un grand naufrage, se trouvaient onze temples dont les ruines se regardent entre elles.

Nulle part, peut-être, l'amour et la recherche du beau, qui préoccupaient tant les Grecs, n'éclatent mieux que dans la position qu'ils savaient choisir à leurs monuments. Du haut des gradins de leurs théâtres ils avaient sous les yeux les lignes brisées ou onduleuses des lointains horizons, les plaines éclatantes de teintes harmonieuses, sur leur tête le ciel azuré ; c'est dans ce décor splendide que vivait agrandi l'idéal du poète, et le chœur récitait ses strophes avec l'accompagnement de la mer sonore et du vent bruissant dans les feuilles des arbres. Les temples s'élevaient sur les remparts des villes qui leur servaient de piédestal et qu'ils semblaient protéger ; l'œuvre humaine se confondait ainsi avec le paysage dont elle formait l'harmonieux complément ; le bleu du ciel étincelait à travers les colonnes des portiques ; le soleil allait chercher l'encens sur les trépieds sacrés, dans les temples à ciel ouvert, et les hymnes des prêtres se mêlaient au chant des oiseaux dans les bois sacrés.

Si intime, si exquis était ce sentiment de la nature chez les anciens, qu'ils n'en parlèrent jamais; leur émotion se sent, elle ne s'exprime pas. Leurs tableaux n'ont pas en moyenne plus de quatre ou cinq vers ou une courte phrase de prose, mais quel choix de traits et de couleurs, quelle touche, quelle entente de l'effet! Cette poésie descriptive, invention toute moderne, qui peint dans le seul but de peindre, sans que l'âme du poète intervienne pour donner aux choses l'âme et l'inspiration qui leur manquent, est une poésie de décadence. Puisque le peintre est toujours vaincu, et nous ne le voyons que trop aujourd'hui, lorsqu'il se contente de copier la nature, que peut faire le poète qui n'a à son service qu'une parole froide et décolorée? — C'est à Sorrente que je sentis pour la première fois cette vérité dans toute son évidence. — Depuis une heure le soleil était descendu dans la mer entre *Capri* et *Ischia;* la vague déferlait en clapotant sous ma fenêtre; devant moi le cône fumeux du Vésuve jetait dans l'ombre quelques bouffées lumineuses ; dans le lointain, Naples sortait illuminée de la mer obscure ; des nuages noirs passaient lentement devant le ciel étoilé ; de loin en loin quelques vagues phosphorescentes, comme des poissons d'argent, nageaient à fleur d'eau ; le vent du large était tiède et parfumé. Certes l'heure était solennelle et mon émotion profonde. — Je voulus prendre quelques notes pour pouvoir recomposer plus tard ce spectacle dans ma mémoire ; mais bientôt je jetai, découragé, album et crayon, pour revenir au balcon ; je me sentais écrasé par ce que je voyais, par ce que j'avais vu en suivant la route sinueuse, taillée entre le rocher et la mer, qui va de *Castellamare* à *Sorrente*. Alors j'appelai à mon aide tous les poètes qui m'avaient charmé en chantant la mer de Sorrente et les orangers de ses rivages. Je t'évoquai aussi, ombre charmante de Graziella! et pourtant ce n'était pas encore cela. C'est alors vraiment que je compris que cette sobriété des anciens était du respect, que ce tacite aveu d'impuissance prouvait chez eux le dernier degré de l'intelligence et du sentiment, et qu'il y a des spectacles que l'on doit renoncer à peindre, mais qui ne s'effacent jamais de la pensée.

Le premier temple que l'on rencontre, en suivant les remparts dans la direction de l'est à l'ouest, n'a conservé d'intact qu'un des côtés de son portique ; toutes les colonnes en sont encore debout, supportant l'architrave. Des six colonnes de face, cinq se dressent encore, parmi lesquelles les deux angulaires, dont le profil est plein de grâce. Sur les deux autres côtés, quelques fûts décapités s'élèvent du milieu des débris épars et confondus qui jonchent le sol. Cette ruine s'appelle le temple de Junon-Lucine. Pourquoi pas de Junon-Lacinienne ? Les Agrigentins avaient un temple dédié à la Junon du cap Lacinium, puisque voulant lui consacrer un tableau digne d'elle, ils firent poser devant Zeuxis cinq de leurs plus belles vierges.

A l'endroit où est bâti ce temple les remparts ont leur plus grande élévation ; des blocs de rochers grands comme des maisons se détachent de la masse principale et font un chaos étrange d'où s'élancent droites et pures les colonnes dorées qui survivent à leurs sœurs. De cette hauteur, les régiments d'ânes qui passent dans la plaine, portant le souffre à *Porto di Girgenti,* ressemblent à des migrations de fourmis.

La vue dont on jouit de là est des plus complètes que je sache. Si l'on se tourne vers le couchant on a à sa droite la plaine boisée enfermée dans l'ancienne enceinte d'Agrigente, qui remonte en pente douce jusqu'au pied de la montagne de l'Acropole, au flanc de laquelle la moderne Girgenti a accroché ses maisons comme des nids d'hirondelles; le rocher de Girgenti est continué par une série de croupes, les unes se cabrant fières et brusques, les autres onduleuses, arrondies, adoucissant leurs contours; tous ces sommets déboisés étincellent au soleil comme des masses d'acier en fusion, et les ombres qu'elles projettent les unes sur les autres sont d'une finesse et d'une transparence merveilleuses. A gauche l'on a la plaine jaune qui finit dans la mer par une suite de baies et de caps d'une grâce inimitable; devant soi la ligne sinueuse des remparts sur lesquels a pris racine toute une végétation luxuriante et bizarre, et où l'on aperçoit à travers les feuilles le fronton intact du temple de la Concorde. Aucun bruit humain ne vient troubler l'âme attentive, partout la solitude et le silence que l'on demande en vain aux ruines trop fréquentées de l'Italie :

> Messaline en haillons sous les baisers pâlie ;

Car Agrigente n'a pas comme Rome et Naples

> . . . . Un tas de serviteurs,
> Et des ciceroni pour ses entremetteurs.

La présence des hommes ne vient point ôter leur prestige à ces fantômes muets du passé. Il me plaît de penser que les proscrits de l'Olympe viennent parfois dans ces temples déserts tenir de grandes assemblées nocturnes, présidées par la mystérieuse divinité qui mène le monde, l'implacable, l'éternel *Saturne.*

Dans l'épaisseur des remparts les Agrigentins ont creusé de grandes chambres funéraires, où étaient déposés les corps de ceux qui avaient bien mérité de la patrie. On peut juger de la valeur morale d'un peuple par le respect qu'il a pour ses morts. Or voici ce que nous vîmes un jour dans une rue de Girgenti : quatre hommes portaient gaiement, en bavardant entre eux, une caisse longue; un cinquième les précédait, tenant à la main un plat de grès rempli de charbons ardents sur lesquels il faisait fumer quelques grains d'encens. Voyant qu'un de nous avait à la bouche un cigarre non encore allumé, il vint vers lui avec un sourire aimable, présentant d'une main son réchaud fumant tandis qu'il tendait l'autre pour recevoir *qualche grano* de son *Excellence*. Ces braves gens portaient un mort en terre. Pas un prêtre, pas un ami ne suivaient ce triste convoi ; les passants ne daignaient pas lever le chapeau, et comme la caisse n'était pas couverte, on voyait la tête du mort balancée d'un côté à l'autre. Nous suivîmes de loin, surpris et indignés. Arrivés dans un enclos sans arbres, les quatre porteurs jetèrent à terre le cercueil qui rendit un son étouffé comme une plainte, puis s'essuyant le front du revers de leur manche, ils se mirent à causer et à rire bruyamment.

Cependant celui qui portait le plat de grès avait soulevé une grande pierre carrée et découvert un trou où pourrissaient pêle-mêle, sans bière ni linceuil, une vingtaine de cadavres. Ils jetèrent leur mort là-dedans, replacèrent la pierre, et s'en revinrent d'un pas allègre revendre la caisse au fournisseur Ce charnier est ce qu'on appelle en Sicile un *Campo santo;* quand un trou est plein, on scelle la pierre et on en commence un autre ; à droite sont les trous pour les hommes, à gauche les trous pour les femmes. C'est là la dernière demeure des pauvres ; les gens riches se font enterrer dans les églises ou dans les couvents. Du Campo santo de Girgenti, on aperçoit debout les grandes masses des remparts couronnés de temples, où les Agrigentins déposaient dans des cercueils de marbre les corps de leurs guerriers...

IV

Le temple de la Concorde est intact, moins deux ou trois pierres qui se sont détachées de l'angle d'un des frontons. Un architecte dirait que c'est un temple hexastyle périptère : périptère, c'est-à-dire entouré de colonnes hexastyles, ce qui veut dire que le nombre des colonnes qui supportent chacun des frontons est de six. — Les colonnes sont d'ordre dorique, cannelées et sans base, comme celles de tous les temples de Girgenti, de Sélinonte, de Ségeste. —

Cet ordre se rapporte aux édifices de la plus belle époque de l'art grec. Plus tard s'introduisirent la gracieuse et fière volute ionique, la riche acanthe corinthienne; mais ces ordres étaient loin du dorique comme la grâce de la noblesse, la richesse de la majesté, comme la Diane de Gabies ou la Vénus de Médicis sont loin de la Vénus de Milo. La frise du péristyle était ornée de triglyphes séparés par des métopes non sculptés. Ce temple a à peine en grandeur la moitié de la Madeleine de Paris; mais, grâce aux proportions parfaites des détails, à l'ordonnance harmonieuse de l'ensemble, grâce aussi peut-être à l'absence du voisinage de tout autre édifice, il fait naître l'illusion de la grandeur avec l'impression de la beauté. Les colonnes du portique sont d'un beau ton jaune, comme l'ambre que roule le Symathe; à dix pas on dirait que le temple est bâti en marbre. Le visiteur est étonné de voir aux murs de la *cella* douze ouvertures cintrées dont les arcs jurent outrageusement avec la ligne grecque. Ces fenêtres furent pratiquées aux premiers siècles de notre ère, lorsque le temple fut converti en une église dédiée à saint Georges. C'est sans doute grâce à cette nouvelle destination que ce merveilleux édifice nous est parvenu intact. Que le bienheureux saint Georges et ses fenêtres cintrées soient deux fois bénis, car c'est aussi à la protection de ce grand saint que l'on doit la conservation du temple de Thésée à Athènes.

Tel est le temple de la Concorde. Quant à l'émotion profonde que donne sa vue, notre langue n'a pas de mots assez admiratifs pour le dire. Je ne doute pas que cette infinité d'augmentatifs et de diminutifs dont est si riche la langue des Italiens ne soit venue du besoin de faire sortir de leur âme, avec toutes leurs nuances, les impressions si multiples et si fortes qu'éveillent coup sur coup de si magnifiques tableaux. Du chef-d'œuvre, passant, par une association d'idées bien naturelle, aux hommes qui l'avaient créé, je pensai aux qualités que Vitruve, qui n'était qu'un Romain, exigeait des architectes : « Il faut d'abord disait-il, que l'architecte sache la géométrie, l'arithmétique et l'optique ; mais, ce qui n'est pas moins indispensable, c'est qu'il soit rempli de l'histoire, qu'il ait approfondi l'étude de la philosophie, de la jurisprudence, des coutumes des nations ; et ce qu'il faut, par dessus tout, c'est un grand travail, un esprit élevé et beaucoup de désintéressement. » Je pense que la dernière de ces qualités serait bien difficile à trouver, et la réunion des autres aussi, et bien d'autres choses encore, car *va mancando l'animo,* comme dit Monti, la passion s'en va.

J'ai passé bien des heures solitaires et émues devant ce temple, plongé dans cette contemplation silencieuse et profonde qu'il faut pour pénétrer les beautés de l'antique, beautés si simples, si naturellement sublimes qu'elles n'étonnent jamais le premier regard. Car tel est le privilége de ces choses, qu'il semble qu'on passerait sa vie à les considérer sans cesse, sans se rassasier jamais. Un soir, le soleil descendait dans la mer embrasée, et l'on apercevait les teintes ardentes du couchant à travers le feuillage découpé des arbres, comme on voit resplendir un beau visage à travers la noire dentelle qui le couvre; une lumière dorée chatoyait autour du temple, et la voix lointaine de la mer venait expirer sous son portique. C'était une de ces heures solennelles où l'on se sent grandir en dedans, où l'âme se livre à une évocation mystérieuse des chefs-d'œuvre perdus, à une résurrection intime des civilisations éteintes, où le rêve prend la place de la réalité. Agrigente était sous mes yeux, vivante et animée; ses remparts étaient debout, qui avaient trois lieues de tour, et ses palais de marbre, et ses temples à la frise élégante, dont l'azur se confondait avec l'azur du ciel; Pindare rapportait les couronnes d'Olympie; un peuple de muses et de demi-dieux pleurait aux tragédies d'Eschyle; Empédocle, que Lucrèce appelle un dieu, faisait sa patrie glorieuse et libre, et la mer était couverte au loin de voiles blanches apportant la pourpre de Tyr, l'encens du désert et les chefs-d'œuvre de la Grèce; Gellia, le grand citoyen, se brûlait, avec ses trésors, dans le temple de Minerve pour ne pas livrer aux Carthaginois l'honneur d'Agrigente; Timoléon, victorieux, sacrifiait à Jupiteur Sauveur pour l'indépendance de la Sicile, et les hymnes d'actions de grâce s'élevaient du seuil embaumé des temples. Puis ces grandes ombres s'évanouirent et Agrigente s'effaça peu à peu, comme s'efface au déclin du jour la forme des objets, et la campagne se remplit de visions étranges : des faunes barbouillés de lie et couronnés de pampres formaient des rondes avinées; dans le clair obscur d'un carrefour plein de fleurs et de murmures, Diane chasseresse descendait sur un croissant d'argent pour baiser au front Endymion endormi; des satyres au pied de bouc entraînaient sous les arbres un petit amour captif; une bacchante conduisait, au son de la double flûte, un chœur de nymphes et de napées. Cependant, sur la mer lointaine, je voyais clairement le triomphe de Galathée, tel que Raphaël le peignit aux murs de la Farnésine. A ce moment il me parut que le temple se rouvrait devant les longues théories de ses prêtres ressuscités, que son culte flétri s'épanouissait de nouveau sous la gloire des anciens jours; un vapeur ambroisienne se répandit dans l'air, une foule invisible fit éclater des hymnes, et une prière payenne s'échappa du fond de mon cœur.

Ainsi la contemplation des œuvres plastiques ou architecturales des anciens n'est pas seulement une joie, une émotion, une étude : c'est une révélation; on ne les comprend qu'à ce prix. Quand Winkelmann quitta Dresde, tout plein des poètes et des historiens de l'antiquité, il avait dans son pays une grande renommée de savant et de lettré. Pourtant, c'est lui-même qui nous le dit, sa science était enveloppée de ténébres. Mais quand il eut vu Rome et Naples, qu'il eut demandé, ému et enthousiaste, leur secret aux marbres de la villa Albani, la lumière se fit dans ces ténèbres, son âme entra dans celle de tous ces morts glorieux, et il écrivit cet hymne didactique à l'antiquité, qui s'appelle l'*Histoire de l'art chez les anciens*.

⚜

V

Il ne reste aux ruines d'Agrigente aucun vestige de théâtre, de stade ou de cirque. Ces édifices qui tenaient un rôle si important dans la vie publique des anciens ayant complétement disparu sous l'effort des hommes et du temps, nous voulûmes voir du moins le théâtre moderne de Girgenti. L'affiche annonçait pour le soir un grand drame en cinq actes, intitulé *Il Pessimista,* traduit du français, suivi d'une bouffonnerie en un acte, dans laquelle devait paraître *Pasquino*, le plus célèbre acteur-improvisateur de la Sicile.

Toutes les rues de Girgenti, qui sont des ramifications de la grande rue que nous avions suivie à notre entrée, sont roides, étroites, malsaines, complétement inaccessibles aux voitures. Devant presque toutes les portes sont déposés des tas d'immondices; la rue et l'égout sont tout un. On sait que l'Italie est le pays du sans façon. Après avoir parcouru un labyrinthe de semblables ruelles, on nous fit arrêter devant une maison d'un aspect plus que médiocre; une lanterne dans laquelle vacillait une petite flamme rougeâtre et qui portait écrit sur une de ses faces le mot *Theatro*, avait mission d'indiquer et d'éclairer l'entrée de la maison de Thalie. A Paris on eût pris cela pour l'entrée d'un poste, d'un mont-de-piété, ou d'un bureau de commissaire de police. On descend trois marches graisseuses et l'on arrive devant un comptoir sur lequel brûlent trois lampions fumeux. A la lueur douteuse qu'ils projettent, on distingue, derrière le comptoir, quatre soldats du roi de Naples et un donneur de contremarques; vous diriez un intérieur de taverne peint par Ribera. On monte ensuite un escalier en casse-cou (je dis escalier par pur euphémisme, pour ne pas dire échelle), et l'on arrive dans une galerie en planches mal jointes, sur laquelle s'ouvrent les loges. Fidèle aux préceptes de l'art, l'architecte de la salle l'a construite en parfaite harmonie avec le reste de l'édifice. Je ne sais rien de moins d'aplomb, de plus délabré, d'un aspect plus piteux que cette pauvre salle. A en juger par la décoration, le peintre qui y présida n'était guère, dans la hiérarchie des beaux-arts, au-dessus du peintre en bâtiments. Douze médaillons, peints à la détrempe, étalent au flanc de l'unique galerie qui entoure le théâtre douze caricatures qui veulent représenter les illustrations d'Agrigente. On y voit Théron, Phéax, Empédocle et même Midas avec des oreilles *d'homme*. Que fait là cet infortuné monarque ? Je me posai cette question une partie de la soirée. Enfin, ne trouvant pas de solution satisfaisante, je m'adressai à mon voisin, un aimable Girgentin, auquel j'étais recommandé. — Mon cher, me fut-il répondu, ce Midas est un symbole. Le peintre du théâtre a racheté son peu de talent par cette fine satire ; mais bien sûr mes compatriotes n'ont pas compris. Ils ont en matière d'art autant de goût que ce personnage, et méritent bien d'hériter de ses longues oreilles ; de plus, pauvres gens que nous sommes, nous aussi, comme Midas, nous mourons de faim sur des monceaux d'or dont nous ne pouvons nous servir.

Tout Girgenti était ce soir là au théâtre, suivant l'expression consacrée; c'est-à-dire qu'on nous avait entassés cinq cents dans un espace où trois cents personnes eussent été gênées. Au premier rang des loges, puisqu'ainsi l'on nomme les guérites pareilles à celle qui nous renfermait, s'agitait un essaim de têtes charmantes, et devant chacun de ces beaux visages animés par la chaleur et le spectacle, palpitait avec un bruit d'ailes un éventail manégé par une main coquette. Au deuxième rang, et comme par une convention qui ferait bien l'éloge de la modestie sicilienne, s'étalaient d'affreuses femmes placées là comme pour servir de repoussoir aux premières. C'est une chose digne de remarque que dans les pays où les femmes sont généralement belles dans leur printemps, elles deviennent horribles une fois l'automne passé. Les plus jolies jeunes filles font les vieilles les plus laides. Voyez cette jeune *miss* : c'est frais, c'est élégant, c'est jeune; à voir ces mains fines, cette taille souple, cette peau si blanche sous ces cheveux si blonds, vous diriez un rayon de soleil sur un lys. Revoyez-la dix ans plus tard : la taille a grossi, le sein s'est déformé, la main a maigri, les dents se sont allongées, la peau a jauni, la chevelure a roussi; on porte des lunettes sur le nez, et une bible sous le bras. Horreur! La ravissante *miss* n'est plus qu'une *anglaise*.

Tout ce public de femmes était vêtu à la française, avec un mauvais goût des plus divertissants ; les couleurs les plus fausses et les plus criardes hurlaient de se trouver ensemble. Quant aux vieilles, elles avaient toutes l'air de mères d'actrices ; c'est un peu comme cela dans toute l'Italie. La rampe était formée par dix lampions frères jumeaux de ceux de l'entrée. Au-delà de cette barrière de feu qui sépare le monde réel du monde idéal, comme dit la préface de *Ruy-Blas*, on représentait sous le titre de *Il Pessimista, tradotto dal francese del signor E. Scribe,* une pièce qui s'appela au Vaudeville *La Vie en rose,* et qui était signée, je crois, du nom de M. Théodore Barrière. Mais on ne peut faire passer une pièce française en Italie que sous le pavillon de M. Scribe. Avis aux détracteurs de cet académicien. Après M. Scribe, c'est Paolo di Kocko qui jouit là-bas de la plus grande célébrité littéraire ; il passe pour personnifier en lui l'esprit français. La pièce avait beaucoup gagné en gaîté à ce changement de scène.

Ces beaux messieurs, qui, dans l'esprit de l'auteur, sont des types de fashion parisienne, avaient cette tenue, ce goût, cette fleur de distinction et d'élégance des jeunes premiers de Bobino ou du petit Lazari ; — la diction, le geste et la mise étaient en harmonie avec la tenue. Ces dames se font habiller sans doute au *Temple*, à Paris, ou au *Rastro*, à Madrid. Quant à l'unique décor dans lequel se passait l'action, était-ce une cuisine, un salon ou une forêt? je ne saurais le dire : à en juger par les habitants, je serais plus porté à croire que c'était une basse-cour. Quoiqu'il en soit, le produit français passionna l'auditoire. — Les gens à imagination vive ne sont pas difficiles; ils portent l'émotion en eux-mêmes, et peu de chose suffit pour l'éveiller. J'aperçus plus d'une larme derrière les éventails. Dès ce jour, je fus libre-échangiste.

Enfin, Pasquino vint!... Pour ne pas me montrer oublieux de l'hospitalité tout écossaise que je reçus en Sicile, je me bornerai à dire qu'il me parut plus vieux que Saturne et beaucoup moins amusant qu'on ne me l'avait dit. L'orchestre se composait de huit bonshommes s'escrimant sur des instruments antédiluviens auxquels je ne puis appliquer aucun nom connu. O Midas, que n'as-tu pu me louer tes oreilles! Le rôle de ces virtuoses se bornait à remplir les entr'actes de motifs de Verdi, le seul compositeur dont la musique soit populaire en Sicile.

Chose incroyable! Girgenti passe pour la ville de l'opulence et de bon goût sur toute la côte méridionale de l'île. Les nombreuses solfatares qui couvrent le pays environnant y répandent une richesse relative, malgré les taxes énormes que le gouvernement napolitain fait peser sur le produit de ces mines. Eh bien ! il me fut impossible de m'y procurer un exemplaire de Virgile. En revanche, le seul libraire de la ville m'offrit *Atala ou les deux sauvages*, roman traduit du français, sans nom d'auteur, et une histoire de Napoléon, également traduite et anonyme. Je dois dire aussi que je vis dans cette boutique bon nombre d'ouvrages excellents sur le droit civil : Troplong, Zachariæ, Toullier, etc... Le droit privé est fort étudié, en général, chez les nations qui manquent de droit public. Les plus beaux temps du droit privé des Romains ne sont-ils pas en plein bas-empire ?

VI

Si l'on demandait à un Sicilien, à un des Siciliens qui travaillent : — Eh bien, que gagnez-vous, dites-moi, par journée ? Il ferait inévitablement la réponse du savetier de la fable :

> Tantôt plus, tantôt moins : le mal est que toujours
> (Et, sans cela, nos gains seraient assez honnêtes),
> Le mal est que dans l'an s'entremêlent des jours
> Qu'il faut chômer : on nous ruine en fêtes ;
> L'une fait tort à l'autre, et monsieur le curé
> De quelque nouveau saint charge toujours son prône.

Nous comptâmes douze fêtes pendant le mois de notre séjour à Girgenti. La plus bruyante, ce qui signifie pour les peuples du midi la plus solennelle, fut celle du Christ de Saint-Nicolas. A moitié chemin, entre la ville et les temples, se trouvent le couvent et la chapelle de Saint-Nicolas. Dans cette chapelle est un Christ miraculeux, qui accorde tout ce que lui demandent les fidèles au jour anniversaire de son invention. On ne saurait trop admirer la discrétion des Girgentins, car à première vue ils ne paraissent pas comblés de faveurs bien grandes. Cette fête commence le 10 mai pour durer trois jours. Dès le matin, toute la population est sur pied en habit de gala ; des orchestres parcourent les rues, s'arrêtant devant les niches enguirlandées des madones, pour jouer la cavatine d'*Hernani* ou la chanson de *Rigoletto*. Des groupes de femmes vont de niche en niche, envoyant de la main des milliers de baisers précipités à la madone, et mêlant des vociférations de : *Evviva Maria! Evviva sacrosanta Maria !* aux salves de pétards qui leur éclatent dans les jambes. Les madones sont vêtues de robes rouge-écarlate et or, et devant elles on renouvelle d'heure en heure les jonchées de fleurs dont l'odeur se mêle à celle des cierges. Le soir, le calvaire est illuminé comme une chapelle ardente. Mais la véritable fête, dont les réjouissances du premier et du troisième jour ne sont que le prélude et la fin, a lieu le deuxième jour. Ce jour-là, toute la population dégringole de Girgenti à Saint-Nicolas, qui se trouve bâti à l'endroit où le rocher rencontre la plaine. La descente se fait par un grand nombre de petits chemins rocailleux et presque à pic qui rampent aux flancs du rocher :

Prenon lou balan,
Et léou debalan
Pel la routo estretto
De la costo dretto,
Ban en reguileto
Cast à Sent-Aman;
Et las fariboles,
Pel las caminolos,
Ban coumo de folos,
Toutjours en sisclan (1).

(1) L'*Abuglo*, poème gascon de Jasmin. Ces vers, qui sont un petit chef-d'œuvre d'harmonie imitative, peuvent se traduire ainsi :

Elles prennent l'élan,
Et bientôt *dévalant*
Par la route étroite
De la côte droite,
Elles vont en formant la chaîne
Jusqu'à Saint-Aman;
Et les fariboles,
Dans les petits chemins,
Vont comme des folles,
Toujours en poussant des cris.

Le fidèle qui se rend à Saint-Nicolas pour solliciter une faveur, doit faire pieds nus cette descente. Aussi ne rencontre-t-on que pèlerins et pèlerines portant leurs souliers d'une main et de l'autre une petite anatomie en cire : un cœur, un pied, un sein de femme..... Je me souviens à temps que le lecteur français veut être respecté. Ces empreintes de la partie malade sont suspendues en ex-voto aux murs de la chapelle qui se trouve ainsi changée en une sorte de musée médical. Aux abords de la chapelle, des pièces de calicot rouge flottent au vent ; des guirlandes de buis et des tresses de roses se courbent en arcs, se dressent en colonnes et se tordent en festons ; des marchands d'images miraculeuses, de chapelets bénis, de sorbets et de limonades encombrent les avenues, faisant toutes sortes de cris, de gestes et de trépignements pour arrêter les passants ; des moines, debout sur des tréteaux, une croix à une main et une tirelire à l'autre, font aux marchands une redoutable concurrence de cris et de demandes ; les pétards, les dévotes, les orchestres, les moines et les tambours font rage. C'est étourdissant de bruit, de soleil, de poussière et de délire.

Les dévotions finies, tout ce peuple affolé se répand dans la plaine qui se couvre bientôt de petits campements. Chaque famille a porté ses provisions sur des ânes; on se réunit, on allume du feu entre quatre pierres, et chaque tribu fait bouillir sa marmite et griller ses saucisses, et cela jusque dans les temples. Alors les chansons s'échappent des outres éventrées de *Marsala;* chaque groupe a son orateur qui pérore et son poète qui improvise. Cependant, que de jeunes couples qui s'échappent pour aller finir la fête sous les amandiers ou dans les grands blés! « Dieu garde nos blés de la grêle et de la fête de Saint-Nicolas! » dit un proverbe du pays.

Le soir, à la tombée de la nuit, les mariniers offrent à leur saint patron le sacrifice d'une barque que l'on brûle devant la porte *di Ponte.* La racaille pouilleuse danse tout autour une farandole insensée; quelques-uns sautent par dessus le feu en poussant un cri de défi qu'il m'est impossible de traduire. Leur animation, le reflet rougeâtre de la flamme, leurs haillons, leurs crinières échevelées leur font des physionomies à désespérer Goya.

Dans un des groupes où l'on chantait, j'entendis une complainte qu'ils appelaient *la Corallina.* Cette complainte disait les malheurs de la fille d'un roi de Sicile, surprise au bord d'un lac pendant qu'elle cueillait des cyclamens avec ses compagnes, par un corsaire qui était roi d'une île enchantée. Ce roi magicien, qui se nommait *Plitone*, avait un char d'or avec des roues d'ambre vert attelé de huit coursiers fantastiques dont la crinière jetait des flammes. « Ce char et ces coursiers couraient sur les vagues de la mer comme le vent sur un champ d'épis. » La jeune princesse, qui s'appelait *Corallina*, eut beau se débattre et ses compagnes remplir l'air de leurs cris, Plitone l'emporta sur son char, « et pendant huit jours, ils volèrent ainsi à travers la terre et la mer, et il la tenait toujours serrée contre son cœur, et pendant huit jours il ne cessa de la regarder avec ses grands yeux de diamant. » En entendant chanter cette légende, je crus avoir sous les yeux ce magnifique cercueil romain, qui fut d'abord celui d'Auguste et puis celui de Charlemagne, que l'on voit à Aix-la-Chapelle, et sur lequel est sculpté l'enlèvement de Proserpine. Ainsi ce passé qui fut la Grèce vit encore dans le présent, et dans presque tous leurs chants on retrouve un antique souvenir de la mythologie, comme sur bien des visages on retrouve le sceau de la mère patrie.

♆

VII

Ceci se chantait dans l'enceinte du temple d'Hercule. De ce temple il ne reste debout qu'une colonne, encore est-elle brisée : on dirait une colonne funéraire. A l'entour gisent épars et confondus des fragments de chapiteaux et de fûts cannelés, des morceaux de frise dont quelques-uns ont conservé la peinture qui les recouvrait : c'étaient des têtes de lion finement dessinées sur fond rouge ou bleu. En faisant des fouilles, on trouva, il y a une vingtaine d'années, une statue de marbre de Paros très-mutilée ; elle est au musée de Palerme. Bien que sans tête, sans pieds, et presque sans bras, on reconnaît facilement, à la disposition des draperies, une œuvre romaine. C'est dans ce temple qu'était la statue de Miron dont parle Cicéron, et que les Agrigentins ne purent sauver de Verrès qu'au péril de leur vie. Là encore se trouvait ce tableau que Zeuxis donna à ceux d'Agrigente, ne les trouvant pas assez riches pour pouvoir le lui payer. Quoique aucun des débris de ce temple ne soit intact, il en reste pourtant assez pour qu'on en puisse faire l'exacte restauration ; d'ailleurs la plupart des colonnes ont conservé par terre l'ordre et le parallélisme qu'elles avaient lorsqu'elles soutenaient l'architrave. Ce phénomène, que l'on constate plus apparent encore à Sélinonte, fait penser que ces temples furent renversés par quelque tremblement de terre. On dirait, à voir ces immenses colonnes couchées à terre l'une contre l'autre, une forêt de marbre, renversée par le vent. Les proportions, que nous mesurâmes avec soin, sont plus parfaites peut-être que celles du temple de la Concorde. Aussi est-ce à bon droit que les architectes considèrent le temple d'Hercule comme un chef-d'œuvre (1).

(1) Ce temple est fort intéressant au point de vue archéologique, en ce

En suivant toujours les remparts dans la même direction, et à quelques pas du temple d'Hercule, on rencontre les ruines gigantesques du temple de Jupiter Olympien. Diodore a laissé une description détaillée de ce temple, le plus grand qu'ait eu la Sicile : « Tandis que les autres, dit-il, sont soutenus seulement par des murs ou des colonnes, on a réuni dans celui-ci les deux modes d'architecture. En effet, dans l'épaisseur des murs, et de distance en distance, on a placé des piliers qui s'arrondissent en dehors en forme de colonnes cannelées, et qui ont à l'intérieur la figure de pilastres carrés. Dans les cannelures de ces colonnes, qui ont vingt pieds de tour, un homme peut se tenir debout. Les pilastres intérieurs ont douze pieds de grandeur. Les portiques sont prodigieux de beauté et de magnificence; sur la façade orientale est sculpté le combat des géants dont les figures sont remarquables de grandeur et d'élégance; sur la façade occidentale on a représenté la guerre de Troie, et la physionomie des personnage est si parfaite qu'il est aisé de reconnaître les héros d'Homère. » Grâce à cette description si claire, et bien que la plus grande partie

que l'*opistodomos* était divisé en trois chambres, exemple unique dans l'histoire de l'art grec. — M. le duc de Serra di Falco, dans son grand ouvrage sur les antiquités siciliennes, pense que c'était un temple *hypètre*.

des matériaux ait disparu et soit entrée sans doute dans la construction d'autres édifices, la restauration de ce monument devenait fort simple. Cependant une difficulté devait surgir sur laquelle les savants et les architectes ne sont pas d'accord. Au commencement du siècle, on trouva en faisant des fouilles d'immenses blocs sculptés qui, rapprochés avec soin, devinrent de magnifiques cariatides. Quelle était la place de ces géants dans l'économie du temple? telle est la grande question. M. Cockerell, de Londres, l'un des inventeurs des statues Éginétes, et l'un des premiers qui aient songé à restaurer le temple des Géants, en a donné un dessin général avec texte explicatif, et plusieurs profils partiels pris tant à l'intérieur qu'à l'extérieur. Selon lui, et c'est aussi l'opinion de M. Hittorf, ces cariatides géantes étaient appuyées sur les pilastres décrits par Diodore, et soutenaient le toit.

A en juger par la grandeur des ruines, on peut croire facilement à ce que l'on raconte de la splendeur de cet édifice. Les dimensions ne sont pas indifférentes en architecture, et la nature, type premier de toute beauté, n'y atteint souvent que par la grandeur; or, je ne crois pas que l'art ait jamais produit de plus magnifique enfant. Nous déjeunâmes cinq assis sur le tailloir d'un chapiteau, et bien souvent je me suis couché à l'ombre d'un de ces énormes géants, qui gît étendu au milieu du pêle-mêle des murs et des colonnes bouleversées. Il est là couché sur le dos, fixant le soleil africain avec ses grands yeux de pierre, les oreilles hautes et les cheveux tressés à la façon des sphinxs, muet comme eux sur le secret de son origine. Si j'avais l'honneur d'être académicien, je proclamerais que je trouve une ressemblance frappante, dans la physionomie générale et dans l'exécution, entre ces géants et les personnages sculptés sur les métopes de Sélinonte, que l'on a transportés au musée de Palerme. Cette comparaison me satisfait beaucoup plus que celle que l'on a faite de ces géants avec les statues Eginètes. On remarque, sans doute, dans leur physionomie comme dans celle des marbres d'Egine, une origine africaine incontestable; mais l'influence de la Grèce et l'étude de la nature sont beaucoup plus sensibles dans ces dernières. Les figures des métopes de Sélinonte, au contraire, paraissent inspirées par le même type que ces géants : comme eux elles ont le coin des yeux relevé, les oreilles hautes, les narines épatées des sculptures égyptiennes. C'est à peine si la bouche a perdu son sourire fixe et vague en traversant la Méditerranée, et ce n'est qu'à quelques détails du corps et surtout à la vie que l'artiste a mise dans les jambes, qu'on sent qu'il n'a pas été gêné par les liens sacrés dont la religion enveloppa l'art égyptien, comme ses momies.

Puisque nous en sommes aux sculptures, je veux parler d'un sarcophage antique, qui sert de baptistère à la cathédrale de Girgenti; ce sarcophage est sculpté sur ses quatre faces, et l'artiste s'est inspiré pour son œuvre de la Phèdre d'Euripide. On n'est d'accord ni sur l'époque ni sur le mérite de ces hauts-reliefs. Goethe jugeait qu'ils appartenaient au demi-sublime de l'art grec; d'autres les déclarent ouvrages de la décadence romaine. Je crois ces deux opinions exagérées l'une et l'autre en sens inverse, et je pense que ce sarcophage pourrait bien dater de la renaissance grecque du temps d'Adrien. La figure du jeune Hippolyte, à cheval au milieu d'un groupe nombreux de chasseurs et d'animaux, est très-belle; le sculpteur paraît avoir pensé au Méléagre pour rendre la physionomie de ce fier et chaste héros, dont le prince *déplorable* de Racine n'est qu'une bien pâle copie. Et, pour mon compte, je trouve ravissante de douleur et d'accablement la Phèdre qui est sculptée sur un autre côté; l'amour l'a frappée au cœur et elle est tombée vaincue entre les bras de ses suivantes. Plongée dans une sombre rêverie, elle s'appuie sur sa nourrice et n'entend ni les consolations de ses compagnes, ni leurs chants qu'elles accompagnent sur les lyres d'Ionie. Cette sculpture est très-bien conçue et exécutée; chaque figure forme un tout parfait, et elles sont groupées de façon à laisser au personnage principal toute l'attention et tout l'intérêt.

Rien à dire, d'ailleurs, de la cathédrale, ni des autres églises de Girgenti, sinon que le mauvais goût et l'amour des couleurs retentissantes s'y sont donné carrière plus peut-être qu'en tout autre endroit de la Sicile.

Trois colonnes s'élevant au milieu d'un champ de blé et supportant un angle d'entablement un peu lourd, voilà tout ce qui reste du temple de Castor et Pollux; ce temple était aussi bâti sur les remparts. — Le temple d'Esculape, qui possédait une autre statue de Miron, a enfoui sous les arbres, dans la plaine qui va vers la mer, les deux demi-colonnes qui indiquent seules aujourd'hui l'emplacement qu'il occupa. On montre aux environs de la porte orientale de Girgenti la roche *Athénée* sur laquelle était bâti le temple de Minerve, celui-là même qui servit de scène au drame patriotique de Gellia. Puis, un peu plus loin, en redescendant vers les remparts, on voit sur le sol le plan tout tracé d'un temple de Cérès, et une partie des murs de la *cella*.

Le reste ne vaut pas l'honneur d'être nommé. Cependant, pour l'acquit de ma conscience, je dois dire que ce reste consiste en une fabrique de construction romaine, nommée par conséquent, bien mal à propos, l'*Oratoire de Phalaris*, et qui se trouve dans les jardins du monastère de Saint-Nicolas; puis en un petit bâtiment carré à deux étages, situé hors des remparts, et que l'on retrouve dans beaucoup de peintures modernes; les guides le désignent sous le nom de tombeau de Théron. C'est, en effet, probablement un tombeau, et le modèle pourrait bien en avoir été pris sur la voie Appienne. Mais ce n'est certainement pas celui de Théron; d'abord parce qu'il me paraît hors de doute que ce soit là une construction romaine, et puis parce que la modestie de ce tombeau, d'ailleurs charmant, donnerait un démenti par trop formel au faste historique du tyran Agrigentin.

C'est tout.

ɸ

VIII

Si ces impressions d'un jeune homme pouvaient faire aimer la Sicile pour son passé, la faire plaindre pour son présent; si elles pouvaient décider quelqu'un à entreprendre ce voyage que j'appellerai le pèlerinage de ma vingtième année, je serais content. Les débris épars d'Agrigente jonchent le sol au milieu des myrtes et des caroubiers, comme les ossements épars d'un grand cadavre.

Mais quels restes, quels débris! Triglyphes, moulures,

fragments de corniches, courbes de chapiteaux, fûts de colonnes, le moindre ornement, le moindre détail, est d'une perfection divine et qui a besoin pour être saisie de la clarté, de la transparence vaporeuse, de l'atmosphère enfin qui embrasse ce rivage privilégié. Qu'il aille donc, et qu'après s'être enivré de cette lumière, de ce ciel, de cette mer, qui sont la lumière, le ciel et la mer de la Grèce où, au dire d'Euripide, les chastes Muses, filles de Pierus, enfantèrent jadis la blonde harmonie; qu'après avoir admiré ces rivages, ces promontoires, ces golfes à la forme harmonieuse qui font comprendre l'Odyssée, cette île enfin, diamant étincelant sur le manteau bleu de la mer, il se courbe pieusement sur le tombeau d'Agrigente, et il y pourra lire ce que les bergers du Poussin déchiffrent sur une sépulture oubliée :

ET IN ARCADIA

EGO

Et puis qu'il se relève, qu'il jette les yeux autour de lui sur ces champs en friche, sur ces villages en ruines, sur cette population en haillons, sur ce pays sans routes, sur cette île sans ports, sur ce corps sans artères, et il pourra lui dire ce que Léopardi disait à son Italie :

« O ma patrie, je vois les murs, les arcs-de-triomphe, les colonnes et les statues et les tours solitaires de nos ancêtres; mais leur gloire où donc est-elle? Je ne vois ni les lauriers ni le fer dont étaient chargés nos pères. »

Ecrit à Girgenti, le 8 juin 1857.

APPENDICE

APPENDICE

—

Celui qui écrit avec la seule préoccupation de l'art n'a pas de redites à craindre. L'art est intarissable, et chacun peut reprendre à son point de vue les sujets même qui semblent avoir été épuisés par les maîtres ; on n'est responsable vis-à-vis du lecteur que de son émotion et de sa sincérité. On pouvait donc sans présomption parler après tant d'autres des ruines d'Agrigente.

Il n'en est pas de même de celui qui se préoccupe de l'heure présente, et ce qu'il écrit aujourd'hui peut manquer d'actualité demain. Ceci est plus que justifié par les événements qui se succèdent si rapidement en Sicile depuis deux mois. Non pas que ces événements n'aient pas pu être prévus, ni qu'ils suivent une marche excentrique et irrégulière. Tout au contraire, ce qui pourrait surprendre c'est de voir avec quelle logique effrayante les faits se déduisent les uns des autres, comme les corollaires d'un théorème démontré.

Depuis que les pages qui précèdent furent écrites à l'ombre athénienne du temple de la Concorde, la question de nationalité a été résolue dans les plaines de la Lombardie. La Sicile a tressailli du cap Pélore au cap Pachine, comme si Typhée eût cherché à soulever encore le poids écrasant qui l'étouffe. La Révolution et l'Absolutisme ont traité d'*excellence à excellence* sur les murs fumants de Palerme. La Sicile aura été le premier théâtre de cette reconnaissance politique de l'avenir par le passé.

Malgré des changements si radicaux dans la situation du pays, je n'ai rien voulu changer à cette petite esquisse croquée d'après nature, où ma fantaisie s'était plu à donner le présent pour repoussoir au passé. J'aimais, derrière

Girgenti, esclave et déguenillée, à voir dans le fond du tableau resplendir la libre et glorieuse Agrigente dans une lumière d'apothéose. Pourtant, puisque le souffle des événements a fait sortir ce petit livre du carton où il dormait oublié depuis bientôt trois ans, il nous parait bon, avant de le fermer, de dire brièvement ce qu'un long séjour dans le pays nous a appris des instincts, des vœux, des idées de ses habitants. Son opportunité sera son excuse ; et puis il n'y a si humble document qui soit inutile lorsqu'il s'agit d'une grande cause.

Deux choses nous avaient surtout frappé lorsque nous étudieions dans son germe la révolution qui est aujourd'hui en pleine fleur.

La première, c'est que le Sicilien était révolutionnaire en proportion de ses lumières et de sa position sociale.

La seconde, c'est que le mouvement qui couvait déjà au fond des esprits était un mouvement purement sicilien.

On se trompera forcément sur le sens des événements qui s'accomplissent dans l'île, si l'on oublie ces deux remarques que l'on peut poser en principes.

Quand on a passé deux jours dans les rues de Palerme, on sait l'histoire de la Sicile. Un peu hors des murs, les palais mauresques de la *Ziza*, de la *Cuba*, de *Favara*, un petit marabout en dôme au fond d'un bois d'orangers, où murmure une source, témoignent de l'empreinte profonde qu'a laissé sur cette terre le passage des Sarrazins. La chapelle palatine du roi normand Roger, avec son revêtement de mosaïques à fond d'or, ses colonnes byzantines aux chapiteaux bizarres, supportant des arcs mauresques, son autel grec, ses grandes figures hiératiques qui bénissent au fond des nefs, ses colonnettes de marbre si étrangement juxtaposées, toute cette merveille unique, qui procède du byzantin et de l'arabe, avec un pressentiment du gothique, est une révélation splendide du moyen-âge sicilien. Puis, à quelques pas de ce chef-d'œuvre, enchâssé dans un massif de bâtisses sans goût et sans caractère, que l'on nomme le Palais royal, on trouve un bâtiment abandonné, surmonté de petites coupoles blanches, qui fut une mosquée d'abord, et puis une église, et dont la cloche donna le signal des Vêpres siciliennes. Dans les deux grandes rues qui coupent Palerme en quatre, on longe de grands palais au ton brun, bâtis à l'espagnole, avec les jalousies aux fenêtres et les grands balcons en treillis de fer. Puis, si l'on pénètre dans ces palais ou dans les églises, on trouve, exagérés à l'infini, les guirlandes, les dorures, les falbalas et les panaches, toute l'exubérance rococo du style bourbonnien de la décadence — si l'on peut nommer style une chose qui en est la négation.

Cette histoire écrite avec le marbre et la pierre est la meilleure explication du présent.

Toujours enviée, toujours conquise, la Sicile a toujours conservé pourtant son autonomie. A un seul moment de son histoire, sous la dynastie française de Charles d'Anjou, on la trouve vassale de Naples ; on sait quel crime immense mit fin à cette situation, dont un crime avait marqué le commencement. Sous les rois aragonais, et même pendant les premières années du gouvernement des Bourbons, la Sicile forma un royaume séparé, avec son parlement et ses rois sacrés à Palerme.

Ce parlement, composé de trois chambres, noblesse, clergé et communes, réuni pour la première fois par le roi Roger, avait traversé tout le moyen-âge et les temps modernes, lorsqu'il fut aboli de fait, à la fin du siècle dernier ; de droit, par le parlement de 1810. Il abdiqua parce qu'il ne représentait plus rien.

Peu à peu, en effet, les rois de Naples s'étaient accoutumés à traiter la Sicile en colonie ; cette province avait été de plus en plus abandonnée, abaissée, exploitée. De cette époque date le déplorable état dans lequel elle se trouve aujourd'hui.

Un moment l'asile donné à la famille royale chassée du continent par la Révolution française, les sacrifices supportés par l'île pendant toute cette période de résistance, avaient rendu aux Siciliens l'espérance de leurs droits. La constitution de 1812, arrachée aux Bourbons par le prince Belmonte et lord Bentink, leur avait restitué leur ancien parlement, chargé de protéger les libertés publiques contre les empiètements de la puissance royale.

L'année 1816 vint là, comme partout, restaurer le passé.

Depuis, les révolutions de 1820 et de 1848 ont creusé, entre Naples et la Sicile, un fossé infranchissable. Le gouvernement, effrayé par ces dernières années de luttes, irrité d'une inimitié profonde et inextinguible qui se manifeste contre lui à la moindre occasion, sentant que la force seule peut le maintenir sur une terre où le sol tremble sous ses pas, non seulement ne fait rien pour améliorer cette situation, mais il exploite la Sicile comme une mine à impôts dont la possession n'est pas sûre, sauf à l'épuiser pour longtemps.

Devant cet état de choses on comprend notre proposition :

Le Sicilien est révolutionnaire en proportion de ses lumières.

La noblesse, le clergé, la bourgeoisie regrettent leur parlement, leur influence, leur liberté. Leurs rangs sont décimés par l'exil; ils vivent en face des fonctionnaires de Naples, qu'ils haïssent, dans l'attitude du suprême dédain. De leur côté, les employés du roi ne leur ménagent ni les tracasseries ni les exactions. La police est impitoyable; la justice nulle en matière politique; les impôts écrasants. Plusieurs personnes dignes de foi m'ont assuré qu'en certains endroits ils atteignaient les deux tiers du produit des terres, non compris l'impôt de mouture. Aussi la plupart des terres sont-elles en friche. On ajoute encore que les sommes perçues dépassent de beaucoup le chiffre porté au budget, de sorte que si le contribuable est écrasé, de son côté le gouvernement est honteusement volé.

Je passe à ma deuxième observation.

Pour beaucoup de gens le mouvement qui a éclaté en Sicile, est un mouvement *italien* comme celui qui a amené l'annexion de l'Italie centrale au Piémont. Pour d'autres, c'est un mouvement provoqué de longue main par l'Angleterre, patronné par elle et qui doit tourner à son profit. D'autres y voient un mouvement socialiste préparé par les sociétés secrètes et qui doit tourner au profit de l'anarchie. La vérité est que c'est surtout et avant tout un mouvement *sicilien*. Je n'en voudrais d'autres preuves que sa spontanéité, son unanimité, son isolement complet de toute tentative dans la partie continentale du royaume de Naples, l'entente instantanée de toutes les classes de la population pour repousser la domination napolitaine, l'expérience des révolutions de 1820 et de 1848. J'en trouve une plus concluante dans les instincts même du peuple.

Pour tout Sicilien, ce n'est pas seulement le gouvernement de Naples, c'est le Napolitain qui est l'ennemi. Il est d'une autre race que lui, il a d'autres goûts, d'autres mœurs; il parle une langue qu'il ne comprend pas. Le Sicilien sait que pendant une longue série de siècles, il a eu son gouvernement, son armée, sa marine, sa nationalité; le Napolitain lui représente l'anéantissement de tout ce passé qui lui est cher. Le Sicilien est le produit d'une stratification successive de toutes les grandes races, de toutes les races conquérantes que cette terre merveilleuse a successivement tentées; pour lui le Napolitain est d'une race inférieure et sa suprématie politique l'humilie.

Sans doute, éclairé par de douloureuses expériences, il comprend que sa cause est solidaire de la cause italienne, comme celle de Naples l'est de l'Autriche. Mais, qu'on ne l'oublie pas, la Sicile veut, avant tout, être rendue à elle-même. Ce qui la pousse, c'est la haine de Naples. Le détroit de Messine est plus large que la Méditerranée.

Lorsqu'une étincelle partie de la Lombardie suffisait à embraser toute l'Italie centrale, l'incendie de la Sicile entière n'a pas allumé une seule torche sur le continent napolitain. Les patriotes de Naples ne se sont pas mépris sur la portée de cette prise d'armes.

Les tiraillements que l'on signale dans le gouvernement provisoire de Garibaldi ne prouvent-ils point la vérité de ce que j'avance? Ce qui se passe en Sicile nous parait la résultante nécessaire, et pour ainsi dire algébrique, de son histoire.

Nous avions promis, en parlant d'elle, de garder l'impartialité nécessaire à l'historien. Qu'il nous soit permis de dire en terminant que tous nos vœux sont pour ce pays rayonnant de beauté; pour ce peuple qui veut reconquérir un passé plein de gloire; pour cette cause enfin qui tient par tant de côtés aux fibres les plus sensibles de notre cœur.

Paris, le 10 juillet 1860.

FIN

TABLE

—

www.ingramcontent.com/pod-product-compliance
Lightning Source LLC
LaVergne TN
LVHW020437230826
846091LV00004B/1534
9782013675383